Парамаханса Jогананда
(1893–1952)

Однос Гуру-Ученик

Шри
Мриналини Мата

„Серије – Како живети"

Наслов оригинала на енглеском језику у издању:
Self-Realization Fellowship, Лос Анђелес (Калифорнија):
The Guru-Disciple Relationship

ISBN: 978-0-87612-360-7

Превод на српски језик: Self-Realization Fellowship

Copyright © 2025 Self-Realization Fellowship

Сва права задржана. Осим кратких цитата у критичким освртима на књигу, ниједан део књиге „Однос гуру-ученик" *(The Guru-Disciple Relationship)* не сме да се репродукује, чува, преноси, нити приказује ни у којем облику, као ни на било који начин (електронски, механички, нити било који други) који је досад познат или ће се тек измислити —укључујући фотокопирање, снимање или било какав систем похрањивања и приступа информацијама—без претходног писменог одобрења од Self-Realization Fellowship, 3880 San Rafael Avenue, Los Angeles, California 90065-3219, U.S.A.

 Одобрио Међународни издавачки одбор друштва
Self-Realization Fellowship

Име друштва *Self-Realization Fellowship* и његов амблем (приказан горе) појављују се на свим књигама, аудио, видео и осталим издањима SRF-а, чиме читаоцу гарантују да је ово дело потекло од стране друштва које је основао Парамаханса Јогананда и да као такво верно преноси његова учења.

Прво издање на српском, 2025.
First edition in Serbian, 2025
Ово издање, 2025.
This printing, 2025

ISBN: 978-1-68568-234-7

1283-J8018

— ✧ —

*Постоји Моћ која ће вам осветлити
пут ка здрављу, срећи,
миру и успеху, ако се само окренете
ка тој Светлости.*

Парамаханса Јогананда

— ✧ —

Однос Гуру-Ученик

Шри Мриналини Мата

Говор одржан током
Златне годишњице друштва Self-Realization Fellowship
на конвокацији, Лос Анђелес 7. јула 1970.

Бог нас је послао на овај свет да играмо божанску драму. Као индивидуализоване слике самог Господа наши животи имају јединствену сврху: да учимо; да кроз учење растемо; и кроз стални раст, да на крају изразимо своју праву природу и вратимо се у наше првобитно стање јединства са Богом.

Када започнемо нашу земаљску авантуру као душе новорођених, прво стичемо знање кроз искуства покушаја и грешака. Изводимо неку радњу, а ако она даје добре резултате, понављамо ту акцију. Али када нам одређени чин проузрокује бол, после тога настојимо да га избегнемо.

Затим, учимо да профитирамо на примеру других. Посматрамо понашање наше породице, пријатеља и људи у нашој заједници, и имамо користи од анализе њихових грешака и успеха.

Наша искуства нас увек воде напред, тражећи дубље разумевање нашег земаљског живота све док не дође време за сваког од нас када почнемо да озбиљно трагамо за истином. Човек чија је свест еволуирала до ове тачке, пита се: „Шта је живот ?", „Шта сам ја?", „Одакле сам дошао?". И Господ одговара таквом трагаоцу привлачећи га учитељу или религиозним и филозофским књигама које задовољавају ову почетну жеђ за разумевањем. Како упија знање других, његово разумевање се развија и његов духовни раст се убрзава. Приближава се мало ближе истини, или Богу.

Коначно, чак и ово знање постаје неадекватно. Он почиње да жуди за личном спознајом истине. Душа у њему га наводи на размишљање: „Сигурно овај свет није мој дом! Ја сигурно нисам само ово физичко тело; оно је само привремен кавез. Мора да постоји нешто више у овом животу него што моја чула сад опажају, нешто што постоји и после смрти. Читао сам о истини; чуо сам за истину и сада морам да знам!".

Да би одговорио на узнемирени вапај Свог детета, саосећајни Господ шаље просветљеног учитеља, онога који је спознао Себе и зна да је Јаство Дух – истински гуру. Живот таквог учитеља је несметани израз Божанског.

Дефиниција правог гуруа

Свами Шанкара[1] је описао гуруа на овај начин: „Нема познатог поређења у три света за правог гуруа. Ако је камен мудрости истински такав, он може само да претвори

---

1 Највећи индијски филозоф. Реорганизатор индијског древног Свами реда (у осмом или раном деветом веку нове ере.) Свами Шанкара је био ретка комбинација свеца, учењака и човека од акције.

гвожђе у злато, а не у други камен мудрости. Поштовани учитељ, са друге стране, ствара једнакост између себе и ученика који налази уточиште крај његових стопала. Гуру је стога неупоредив – трансценденталан.

Парамаханса Јогананда, гуру и оснивач друштва Self-Realization Fellowship, је рекао: „Гуру је пробуђени Бог који у ученику буди успаваног Бога. Кроз саосећање и дубоку визију, прави гуру види самог Господа како пати у ученику који је физички, ментално или духовно осиромашен. Зато он сматра својом радосном дужношћу да му помогне. Труди се да нахрани гладног Бога у сиромашном, да узбурка успаваног Бога у незналици, да воли несвесног Бога у непријатељу и да пробуди полубудног Бога у жељном трагаоцу. Нежним додиром љубави он моментално пробуђује скоро потпуно будног Бога у напредном трагаоцу. Гуру је, поврх свих људи, онај који највише даје. Као и сам Господ, његова великодушност не познаје границе."

Парамаханса Јогананда је тако описао бесконачно разумевање, бесконачну љубав, свеприсутну, свеобухватну свест правог гуруа. Оне *челе* (ученици) које су имале привилегију да познају Парамахансација[2], виделе су ове атрибуте савршено испољене у њему.

Однос гуру - ученик

Овим Богом створеним универзумом управља уредни космички закон, а однос гуру-ученик је укорењен у том

---

[2] „Џи" је суфикс поштовања који се додаје именима и титулама у Индији.

закону. Божански је одређено да онај ко тражи Бога буде представљен Њему преко истинског гуруа. Када поклоник искрено жели да спозна Бога, гуру долази у његов живот. Само онај ко је спознао Бога, може обећати ученику: „Упознаћу те са Њим". Прави гуру је већ нашао свој пут до Бога; стога он може рећи *чели*: „Ухвати ме за руку. Ја ћу ти показати пут."

Однос гуру-ученик обухвата дисциплине и принципе исправног деловања које ученик мора следити да би се припремио за спознају Бога. Када ученик уз помоћ гуруа усаврши себе, божански закон је испуњен, и гуру га представља Богу.

Верност према гуруу и његовим учењима

Први принцип савеза између гуруа и *челе* је оданост.

Его, свест и самопотврђивање малог „ја" је једина ствар која нас држи раздвојеним од Бога. Кад отера его, у том тренутку, човек схвати да је, да је увек био, и да ће увек бити једно са Богом. Его је облак заблуде који окружује душу, прекривајући и испуњавајући њену чисту свест бескрајним погрешним схватањима о природи себе и света. Један ефекат заблуде ега је превртљивост. Како трагалац за истином почиње да испољава своје божанске особине душе, он одбацује ову непоуздану склоност људске природе и постаје одана особа пуна разумевања.

Оданост према гуруу је један од најважнијих корака у учеништву. Већина људских бића није усавршила квалитет оданости чак ни према сопственој крви и месу, или мужу, жени или пријатељу. Зато концепт оданости према гуруу није у потпуности схваћен. Да би био прави ученик, *чела* мора да буде одан свом Богом послатом гуруу: мора се верно и једноусмерено придржавати учења свог гуруа.

Лојалност није скученост. Срце које је одано Богу и Његовом представнику је великодушно, пуно разумевања, и саосећајно према свим бићима. Остајући усредсређен на једноусмерену, безусловну оданост сопственом гуруу и његовим учењима, такав поклоник посматра у исправној перспективи све друге манифестације истине испољавајући према њима уважавање и поштовање.

Парамахансаци је много пута говорио о овој теми. Рекао је: „Многе особе брину да ће постати ускогруде пре него што науче да буду уравнотежене. Површни трагаоци, у жељи да изгледају широкогруди, неселективно упијају различите идеје, а да претходно у себи не дестилирају суштину истине сопственом реализацијом. Резултат је духовно слаба, разводњена свест. Иако с љубављу гледам на све праве религиозне путеве и на све праве духовне учитеље, видите да сам свим својим бићем одан својима."

„Све праве религије воде ка Богу", рекао је. „Тражите док не нађете духовно учење које привлачи и потпуно задовољава ваше срце; и када га једном нађете, не дозволите да ништа више дотакне вашу оданост. Посветите том путу сву своју пажњу. Усмерите на њега сву своју свест и наћи ћете резултате које тражите."

Говорећи о оданости, Гурудева[3] Парамахансаџи је понекад правио следеће поређење: „Ако се разболите, одете код лекара и он вам да лек да излечите своју болест. Лек носите кући и користите га према упутствима лекара. Кад вам пријатељи дођу у посету и сазнају природу ваше болести, сваки од њих ће вероватно рећи: „О, ја знам све о тој болести! Морате свакако пробати тај и тај лек." Ако вам десет особа да десет различитих лекова, а ви их све испробате, ваше шансе за излечење су сумњиве. Исти принцип је у основи важности лојалности према гуруовим упутствима. Не мешајте духовне лекове."

Божанска лојалност значи сабрати нечију расуту пажњу, наклоност и труд и концентрисати их једносмерно на духовни циљ. Одани ученик брзо путује путем ка Богу. Парамахансаџи је на овај начин изразио улогу гуруа: „Могу вам више помоћи ако не разводњавате своје снаге. Усклађеност са гуруом долази кроз стопостотну лојалност према њему и његовим сарадницима и активностима; кроз вољну послушност његових савета (било усменим или писменим упутством); кроз визуализацију њега у духовном оку; и кроз безусловну преданост. У душама оних који су у складу са њим, гуру може успоставити храм Божији." Само кроз лојалност човек може да ефикасно концентрише своје напоре на потрагу за Богом. Свест лојалног ученика постаје магнетизована Божанском љубављу и неодољиво је привучена Богу.

---

3 „Божански учитељ" уобичајени санскритски израз за свог духовног учитеља.

Послушност развија дискриминацију

Послушност или потпуно препуштање вођству гуруа је још једно основно начело односа гуру-ученик. Зашто овај Божански императив? Човек мора да се научи послушности вишој мудрости да би превазишао камен спотицања ега и његове самостворене заблуде. Кроз безбројне инкарнације – од времена када смо били најнеупућенији у људској врсти – его је прошао свој пут. Диктирао је наше понашање, наше ставове, наше симпатије и антипатије кроз емоције и чула. Его поробљава вољу и везује свест за ограничену људску форму. Промене расположења, таласи емоција, стално променљиве симпатије и антипатије непрестано ударају у човекову свест овим или оним осећањима. Оно што му се данас посебно свиђа, може га сутра тотално другачије погодити и он ће кренути за нечим другим. Ово колебљиво стање свести чини човека слепим за перцепцију Истине.

Примарни услов за *челино* учениште је способност да покори своју недисциплиновану и ћудљиву вољу у послушности гуруовој мудрости – да препусти своју вољу, усредсређену на его, божански усклађеној вољи гуруа. Ученик који то чини, разбија моћан притисак ограничавајућег ега. Када је Парамахансаџи ушао у ашрам Свамија Шри Јуктешвара као ученик, његов гуру је скоро истог тренутка упутио следећи захтев: „Дозволи ми да те дисциплинујем; јер слобода воље се не састоји у томе да радиш ствари у складу са диктатом пренаталног живота и постнаталних навика или менталних хирова, већ у поступању према сугестијама мудрости и слободног избора. Ако своју вољу ускладиш са мојом, наћи ћеш слободу."

Како ученик усклађује своју вољу са гуруовом? Сваки духовни пут има своја прескриптивна и проскриптивна правила. *Садана* је индијски израз за ову духовну дисциплину: „шта треба и шта не треба радити" дефинисано према гуруу као неопходно за *челину* потрагу за Богом. Пратећи ова упутства искрено и најбоље што може, и сталним напором да удовољи гуруу исправним понашањем, ученик руши сваку препреку подигнуту егом између његове воље и воље гуруа изражену кроз његове мудре прописе.

У послушности према гуруу ученик проналази да се његова воља постепено ослобађа од ропских егоистичких жеља, навика и расположења. А ум, некада тако немиран и несталан, престаје да буде расејан и развија способност концентрације. Како се правилно фокусира, ученикова ментална визија почиње да се чисти. Вео за велом неспоразума и конфузије се подижу. Грешке безбројних радњи које су се некада чиниле исправним, али су довеле само до патње, одједном се откривају у блиставој перспективи истине. Ученик тада *зна* шта је исправно, шта је истина: у стању је да разликује добро од зла. Парамахансаци је подучавао да је дискриминаторно понашање да радимо оно што би требало да радимо када то треба да урадимо.

Да би успео на духовном путу, Божји поклоник мора развити дискриминацију; иначе ће његови инстинкти, расположења, навике и емоционалне тенденције из прошлости – прикупљене кроз инкарнације – наставити да га воде у заблуду.

Све док се ученикова дискриминација у потпуности не развије, послушност и препуштање вођству гуруа су једина нада спасења *челе*. Гуруова дискриминација је та која га спашава. Багавад гита (IV:36) учи да ће сплав мудрости пренети чак и највеће међу грешницима преко мора обмане. Придржавајући се *садане* коју је прописао гуру, ученик гради свој спасоносни сплав мудрости.

Ученикова послушност мора бити искрена и свим срцем предана. Поклонити се гуруу и наставити да се понаша у складу са диктатом лоших навика ега је потпуна глупост. Једини губитник је онај који вара у својим напорима на духовном путу.

Гурудева је *челама* које су тражиле његову дисциплину дао овај једноставан савет: „Увек се молите да угодите Богу и гуруу на сваки начин." Ове речи обухватају читаву суштину *садане*. Ипак, то није једноставна ствар. Угодити Богу и гуруу захтева више од пасивне љубави и уважавања Бога, гуруа и пута. Чак иако долази из срца, ова молитва сама по себи није довољна да угоди Богу и гуруу. Парамахансаци нам је често говорио да не воли да чује како људи узвикују: „Слава Богу! Слава Богу!" као да је Господ нека размажена дама која воли ласкање. „То не прија Богу", рекао би. „Бог плаче за нама, и за свом децом Својом која су изгубљена и пате у тами заблуде". Бог и гуру желе за нас само наше највише добро: слободу од овог света збуњујућих недоследности – здравља и болести, задовољства и бола, среће и туге – да пловимо сигурном луком у увек новој радости непроменљивог Духа.

Стога је начин да угодимо Богу и гуруу исправно понашање, којим им омогућавамо да нас воде на духовном путу. Доследно исправно понашање, пак, могуће је само када неко практикује послушност и препуштање Богу преко његовог канала, гуруа.

Поштовање и понизност пред Божијим представником

На олтарима друштва Self-Realization Fellowship[4] храмова постављене су слике Исуса Христа, Багавана Кришне, наших *парамгуруа* Махаватар Бабаџија, Лахирија Махасаје и Шри Јуктешвара; и нашег гуруа Парамахансе Јогананде. Стога им одајемо поштовање и преданост као Божијим инструментима за доношење учења друштва Self-Realization Fellowship у свет. Поштовање је у свом највишем облику одавање почасти, што је још један важан аспект божанског закона који води човека ка спознаји Бога кроз однос гуруа и ученика.

---

4 Буквално „Друштво за Самоспознају". Парамаханса Јогананда је објаснио да име Self-Realization Fellowship означава „Заједништво са Богом кроз спознају самог Себе и пријатељство са свим душама које трагају за истином".

Колико мало поштовања према Богу или човеку показују људска бића данас! Многи међу нашом проблематичном омладином губе поштовање према мудрости година, према друштвеном поретку и, као последица тога, према себи. Када нестане самопоштовање, наступа декаденција. Истинско поштовање, према себи и другима, настаје из разумевања нечијег божанског порекла. Онај ко себе познаје као Сопство, индивидуализовану искру из пламена Духа, такође зна да је свако друго људско биће такође израз Духа. У радости и страхопоштовању клања се Једном у свему.

Негујући поштовање према гуруу као Божијем агенту, и према својим ближњима као сликама Бога, поклоник помаже себи да духовно расте. Из односа поштовања према гуруу долази пријемчивост за Бога преко гуруа, а из пријемчивости долази до разумевања шта је исправно и племенито, што води ка поштовању Бога и гуруа. Када неко коначно буде у стању у свом срцу, као и физички, да се поклони Нечему другом осим ега, трансформација се дешава унутар; развија се понизност. Его је као чврсти непробојни затворски зид око душе, права природа човека; једина сила која може срушити овај зид је понизност.

Ви који сте прочитали *Аутобиографију једног јогија,* сетићете се да је Лахири Махасаја, када је видео *махаватара* Бабаџија како пере ноге обичном садуу на

Кумба Мели[5], остао запрепашћен. „Гуруџи!" узвикнуо је. „Шта Ви радите овде?"

„Перем стопала овоме који се одрекао света", одговорио је Бабаџи, „а потом ћу да оперем и његов прибор за јело. Учим се највећој врлини која је Богу најмилија од свих – понизности."

Понизност је мудрост која признаје Онога који је већи од нас самих. Већина људских бића обожава егоистично „ја". Али пошто се ученик уместо тога клања идеалу већег Ја, и гурууу као инструменту Божанског чију помоћ тражи у спознаји тог Ја, он стиче понизност неопходну да сруши заробљавајући зид ега, и осећа у себи како божанска свест која се све више и више шири, избија из тог већег Ја.

Понизан човек је истински миран човек, истински радостан човек. Не узнемирава га превртљивост људског понашања и људска љубав. Не боли га непостојаност људског дружења или пролазна природа положаја и сигурности у овом свету. У понизном човеку се смањују и бледе све мисли о личној користи и самообожавању. Свети списи кажу: „Када ово ' Ја' умре, тада ћу знати ко сам ја." Када его оде, душа – та слика Бога који спава унутра – је коначно у стању да се пробуди и изрази. Поклоник тада манифестује у свом животу све божанске квалитете душе и заувек бива ослобођен незнања *маје*,

---

5 Верски вашар коме присуствује хиљаде аскета и ходочасника.

светске заблуде наметнуте свим створењима која играју у Божјој драми стварања.

Зато запамтите: поштовање рађа одавање почасти, а након тога следи понизност. Како поклоник развија ове квалитете, он почиње да трчи ка циљу своје духовне потраге.

Квалитет вере

Однос гуру-ученик усавршава у *чели* квалитет вере. Свет у коме живимо заснован је на релативности, стога је нестабилан. Из дана у дан не знамо да ли ће наша тела бити добро или ће нас задесити болест. Не знамо да ли ће наши вољени који су данас са нама, бити ту и сутра или ће отићи са ове земље. Не знамо да ли ће мир који данас уживамо бити срушен ратом сутра. Ово незнање ствара у човеку велику несигурност. Зато данас постоји толико душевних болести и толико немира. То је такође разлог зашто се човек слепо држи материјалних добара. Жели вишу позицију, веће име и славу, више новца. Жели већу кућу, више одеће, нови ауто. Све те ствари, сматра он, уносе сигурност у свет који је застрашујући и неизвестан. Он се хвата за пуке предмете и чини их својим боговима.

Истинска вера се рађа из *искуства* истине и стварности, директног сазнања и уверења божанских сила које подржавају целокупно стварање. Човек је несигуран јер нема такву веру. Исус Христ је рекао: „Јер вам кажем заиста: ако имате вере колико зрно горушичино, рећи ћете гори овој: Пређи одавде тамо, и прећи ће, и ништа неће вам бити немогуће." (Матеј 17:20).

Не почињемо да изражавамо веру у својим животима јер нам је тешко чак и да верујемо у „невиђене ствари". Чињеница је да човек не може имати веру ако и док не доживи нешто у свом животу што га неће изневерити. Однос гуру-ученик води нас до ове сигурности. Ученик у гуруу открива онога који представља Божанство: гуру живи по божанским принципима; он показује Божји дух у свом животу; он је оличење „невиђених ствари".

Гуру је такође манифестација безусловне божанске љубави. Он је онај који се, шта год да радимо, никада не мења у својој љубави према нама. Овој љубави, схватамо, може се веровати. И како видимо да се то показује из дана у дан, годину за годином, наша вера у гуруову љубав расте. Схватамо да нам је Бог послао некога ко ће бдети над нама из тренутка у тренутак, из дана у дан, живот за животом – онога ко нас никада неће изгубити из вида. То је гуру, онај у којем наша вера цвета кроз препознавање његовог јединства са увек постојаним, непроменљивим Духом.

Однос гуру-ученик захтева потпуну веру од стране ученика. Гуру каже *чели*: „Дете моје, ако желиш да спознаш Бога, ако желиш моћ да Му се вратиш, мораш развити веру у Оно што не можеш видети, што у овом тренутку не можеш да додирнеш, Оно што се не може спознати чулним опажањем. Мораш имати веру у Онога који је невидљив, јер је Он једина Стварност иза свега што се сада чини тако стварним твојим ограниченим људским чулима."

Да би помогао ученику да гаји веру, гуру каже: „Следи ме; слепо, ако треба". Его нарушава наш вид, али гуруов вид је беспрекоран. Његове очи мудрости су увек отворене. За њега нема разлике између јуче, данас и сутра. У његовој божанској перцепцији прошлост, садашњост и будућност су једно. Парамахансаџи је често говорио: „У Божијој свести нема времена, нема простора; све се дешава у вечном сада. Човек види само малу карику у ланцу вечности, а ипак мисли да све зна". Гуру, који је једно са Богом, и чија је свест лишена обмане која замагљује обичан људски ум, гледа вечност. Он види садашње стање ученика, види шта *чела* настоји да постане, борбе које је већ прошао током многих инкарнација, и препреке које су пред њим. Само гуру може рећи: „Ово је пут до Бога". Иако ученик мора да следи слепо, његов пут је безбедан и сигуран.

Од самог почетка своје *садане*, ученик мора да слуша и следи са вером, чак и када неки аспект Гуруовог учења није у потпуности схватио. Гурудева би повремено коментарисао, када би ученик почео да расправља с њим о неким упутствима које је дао: „Немам времена за твоју логику. Само уради оно што сам рекао." У почетку је то *челама* често изгледало неразумно. Али они који су послушали без питања, видели су награду ове врсте обуке.

Следите учење гуруа, јер он види, он зна. Он ће вас изнутра водити кроз ваше пажљиво и вољно деловање у извршавању његових прописа. Поверење у гуруа омогућава му да негује свемоћну моћ вере у свом ученику.

Имајући у гуруу онога који нам може дати сигурност у Бога, онога чију руку можемо узети са сигурношћу да ћемо бити безбедно вођени кроз таму *маје*, почињемо да развијамо веру неопходну да бисмо упознали Бога.

Гуруова помоћ

Гуру помаже ученику на безброј начина. Можда је један од највећих начина да инспирише *челу* кроз свој пример божанских атрибута: Он је „говорећи глас тихог Бога"[6] и инкарнација највише мудрости и најчистије љубави; он оличава особине душе које одражавају Бога; он симболизује пут и циљ. Исус Христ је рекао: „Ја сам пут и истина и живот" (Јован 14:6). Гуру је пут; као врхунски пример *садане* коју даје својим ученицима, он показује божанске законе Истине и учи како да их примењују да би спознали Бога. Он *челама* даје духовну инспирацију и виталност да следе пут који води до вечног живота у Богу.

Ученик почетник може да рационализује да пошто је гуру божански, *чела* се не може надати да ће га опонашати.

---

6 Из Парамаханса Јогананидиног одавања почасти његовом гуруу, Свамију Шри Јуктешвару, у збирци „Whispers From Eternity" (Шапати из вечности) коју је објавио Self-Realization Fellowship.

Један такав ученик, кога је Парамаханса Јогананда упитао да изврши задатак који је сматрао изван својих могућности, протествовао је да то не може да уради. Парамахансацијев одговор је био брз и одлучан.

„*Ја* то могу да урадим!"

„Али Гурудева, *ти* си Јогананда. Ти си једно са Богом." Ученик је очекивао да ће Парамахансаци рећи: „Да, у праву си. Не жури, само полако и напослетку ћеш успети."

Али Гурудева је одговорио: „Постоји само једна разлика између тебе и Јогананде. *Ја* сам се потрудио; сада *ти* мораш да се потрудиш".

Две изјаве које Парамахансаци никада није дозволио од ученика које је обучавао су: „не могу" и „нећу". Инсистирао је на томе да неко буде вољан да се потруди.

„Живот је као река која брзо тече", често је говорио Парамахансаци. „Када тражите Бога, пливате против струје световних тенденција које вуку ваш ум ка ограниченој материјалној и чулној свести. Морате уложити напор да пливате „узводно" сваког тренутка. Ако се опустите, снажна струја заблуде ће вас однети. Ваши напори морају били константни."

Ведски списи кажу да духовни напор ученика чини само двадесет пет процената духовних снага потребних да се његова душа врати Богу. Додатних двадесет пет процената се даје кроз благослове гуруа. Преосталих педесет посто је даровано милошћу Божијом. Тако је труд поклоника једнак напорима гуруа, а Бог чини онолико колико гуру и ученик заједно. Иако је труд ученика само једна четвртина целине, он мора да иде напред и у потпуности уради свој део, а не да чека да прво прими Божије и гуруове благослове. Док поклоник улаже свој највећи напор да уради свој део, гурувови благослови и Божија милост су аутоматски са њим.

Гуру такође помаже ученику преузимајући на себе велики део његовог терета карме.[7] Он такође може, по Божијем наређењу, преузети део масовне карме човечанства.

„Као што син човечји није дошао да Му служи, него да служи и да душу своју у откуп да за многе" (Матеј 20:28). Исус је дозволио да његово тело буде разапето како би преузео део индивидуалне карме својих ученика и део масовне карме човечанства. Често смо видели да је ову способност показивао и Парамаханса Јогананда. Понекад би се симптоми болести од које је он излечио особу, манифестовали неко време у његовом сопственом телу. Током корејског рата, у стању *самадија*, викао је од бола док је патио са повређеним и умирућим војницима на бојном пољу.

Огледало савршенства

Гуру такође служи као огледало које одражава слику карактера ученика. Када ученик каже: „Желим Бога", он

---

7 Ефекти прошлих радњи, у овом или ранијем животу; од санскритског кри, „радити". Погледај речник

се поставља на пут ка савршенству, јер да би спознао Бога, мора поново да изрази своје урођено савршенство душе. Он мора елиминисати его и његов утицај на своје размишљање и поступке. Ако ученик стане пред огледало гуруа са поштовањем, преданошћу, вером, послушношћу и препуштањем, то ће му показати све личне мане и слабости које му блокирају пут ка циљу.

Иако је Парамахансаџи увидео наше мане и искрено их указивао пријемчивим ученицима, никада се није задржавао на тим манама. Споменуо би их само када је морао да дисциплинује за духовно добро ученика. Пре свега се концентрисао на добре особине. Када би некога опомињао, он би додао: „Самоиспитујте се да бисте разумели природу свог недостатка, његов узрок и последицу; а затим га одбаците из ума. Не задржавајте се на недостатку. Уместо тога, концентришите се на култивисање или изражавање супротног доброг квалитета."

Дакле, ако је неко испуњен сумњама, треба да се труди да практикује веру. Ако је немиран, треба да афирмише и практикује мир: „Пригрл'те врлину, ако је немате."[8]

Како следити гуруа

Ученик мора научити да следи гуруа тако што ће опонашати његов пример и верно практиковати *садану* коју даје. Када ученик први пут покуша, он није у

---

8 Хамлет, 3. чин, сцена 4.

стању да савршено следи, али мора наставити да улаже неопходан напор док не успе.

За оне који су на Self-Realization Fellowship путу, следити гуруа значи прожети свакодневну научну медитацију преданошћу и уравнотежити ту медитацију са исправном активношћу. Као што нас је Парамахансаџи учио из Багавад гите, исправна активност, то јест, активност која нас подсећа на Бога, изводи се без жеље за плодовима акције, не тражећи резултат за себе, већ само да би се угодило Богу.

Неки мисле да живот у присуству гуруа значи проводити дане крај његових стопала, медитирати у блаженом *самадију* и упијати његове речи мудрости. То није била обука коју смо добили од нашег гуруа, Парамахансе Јоганандаџија. Били смо веома активни и често потпуно ангажовани у служењу. Гурудева је био неуморан у свом раду за Бога и човечанство; својим примером нас је учио да будемо потпуно посвећени. Бити духован значи укинути себе и себичност. Ако је он радио целу ноћ, ми смо радили целу ноћ. Гурудевина безгранична љубав према човечанству била је активно изражена у његовом бескрајном служењу. Ипак, он нас је непрестано подсећао да ову активност уравнотежимо са дубоком медитацијом која води ка заједништву са Богом и Самоспознаји.

„ Учења ће бити гуру"

„Када ја одем", рекао је Парамахансаџи, „учења ће бити гуру. Они који лојално следе овај пут Самоспознаје и практикују ова учења, наћи ће усклађеност са мном, и са Богом и са парамгуруима[9] који су послали ова учења." Кроз учења друштва Self-Realization Fellowship човек проналази све смернице и инспирацију која му је потребна да би са сигурношћу следио пут ка Богу. Сваки следбеник Самоспознаје треба да непрестано тежи да живи по Гурудевином савету. Његова учења су применљива на сваки аспект наших живота. Они за нас не смеју бити само филозофија, већ начин живота. Они који живе по Парамахансацијевим учењима, неприкосновено знају ову истину: између ученика и гуруа одвајање не постоји. Било да је гуру у физичком телу или је напустио ову земљу да би боравио у астралном или каузалном царству, или у Духу изван, он је увек близу ученика који је усклађен. Ово усклађивање води ка спасењу. У свом јединству са Богом, прави гуру је свемогућ; може из небеског раја да се спусти до ученика и помогне му да спозна Бога. Ова духовна помоћ је божанско и вечно обећање гуруа. Велико је богатство ученика који је доведен до правог гуруа. Још је веће његово богатство ако озбиљно тежи савршенству кроз послушност и истинску посвећеност гуруовим учењима.

Однос гуру-ученик је вечан

Гуру је свеприсутан. Његова помоћ, његово вођство и његова учења преовладавају, не само током кратких

---

[9] Дословно „гуруи изнад" у овом случају, Свами Шри Јуктешвар (гуру Парамахансе Јогананде), Лахири Махасаја (гуру Шри Јуктешвара) и Махаватар Бабађи (гуру Лахирија Махасаје).

година у којима борави на земљи, већ заувек. Колико је често наш гуру рекао: „Многи истински поклоници су дошли током мог живота. Препознајем их из прошлих живота. И још много њих ће тек доћи. Знам их. Доћи ће након што напустим ово тело." Гурувова помоћ искреним следбеницима не престаје када напусти своје тело. Да престаје, он не би био прави гуру. Свест правог гуруа је вечна: увек будна, увек усклађена, неометена отварањем и затварањем врата живота и смрти. Његова свест о ученику и веза са њим су константне.

Парамахансаци је једног дана говорио о вечној одговорности гуруа и времену када више неће бити са нама у физичком телу: „Запамти увек, када напустим ово тело, више нећу моћи да разговарам са тобом овим гласом, али ћу знати сваку мисао коју мислиш и сваки поступак који изводиш."

Као што је Бог свеприсутан, тако је и гуру свеприсутан. Он зна шта је у уму и срцу сваког ученика. „Никад не улазим у животе оних који то не желе", рекао је Парамахансаци, „али код оних који су ми дали ово право и који траже моје вођство, увек сам присутан. Моја свест је прилагођена њима; свестан сам чак и најмањег потреса њихове свести."

Чак и када је Гурудева био физички међу нама, учио нас је да не зависимо од његове личности, већ да тежимо усклађивању са њим у уму и свести. Бавио се нашим мислима, нашим стањима свести. Због насталог усклађивања, данас нема разлике да ли је Гурудева присутан у физичком телу или није. Он је увек са нама.

Међу нама овде на овој конвокацији поводом педесете годишњице су стотине из многих делова света који нису срели Парамахансација током његовог живота. Ипак, погледајте колико је свако од вас добио од Гурудевиног учења у вашем озбиљном духовном трагању! Благослови су вам дошли зато што је он свеприсутан и зато што сте постали пријемчиви својом преданошћу, својим практиковањем његових учења и својом оданошћу институцији коју је основао. Ове добре акције и квалитете су вама, ученику, дале дубоко духовно усклађивање са Парамахансом Јоганандом, гуруом.

Гуру *дикша*

Однос гуру-ученик је формално успостављен Божијим благословом када ученик прими *дикшу*, иницијацију или духовно крштење, од гуруа или путем канала који је успоставио гуру. Током иницијације долази до међусобне размене безусловне, вечне љубави и оданости; формира се веза са заклетвом ученика да ће прихватити и верно следити гуруа, и гуруовим обећањем да ће довести ученика до Бога.

Део *дикше* је давање духовне технике од стране гуруа која треба да буде учениково средство спасења и коју ученик обећава да ће марљиво практиковати. У друштву Self-Realization Fellowship *дикша* је давање крија јоге, било на формалној церемонији иницијације или, ако то за поклоника није могуће, на *бидват* или нецеремонијалан начин.

У пракси чак и једне тако духовно моћне технике као што је крија јога, суштински састојак недостаје без благослова односа гуру-ученик. Гуру јасно истиче услове који претходе прихватању било ког поклоника као ученика. Стога се иницијација мора примити на начин који испуњава ове услове и на тај начин директно повезује ученика са гуруом; тада духовна снага овог односа почиње да делује у животу поклоника.

> Велики индијски песник и светац Кабир је певао хвале гуруу овим речима:
> Милост мог правог гуруа је та која ме је упутила да упознам непознато;
> Од њега сам научио како да ходам без ногу, да видим без очију, да чујем без ушију, да пијем без уста, да летим без крила.
> Унео сам своју љубав и своју медитацију у земљу где нема сунца и месеца, ни дана и ноћи.
> Без јела, окусио сам слаткоћу нектара; и без воде утолио своју жеђ.
> Где постоји одговор одушевљења, тамо је обиље радости. Пред ким се та радост може изрећи?
> Кабир каже: Гуру је неописиво величанствен, а величанствена је срећа ученика.

О Аутору

Шри Мриналини Мата, једна од оних које је Парамаханса Јогананда лично обучавао и изабрао да настави са циљевима друштва након његове смрти, била је председник друштва Self-Realization Fellowship/Yogoda Satsanga Society of India од 2011. до њене смрти 2017. године. Посветила је више од 70 година несебичном служењу дела Парамахансе Јогананде.

Било је то 1945. године, у Self-Realization Fellowship храму у Сан Дијегу, када је будућа Мриналини Мата први пут срела Парамахансу Јогананду. Тада је имала 14 година. Само неколико месеци касније, њена жеља да свој живот посвети тражењу и служењу Богу нашла је испуњење када је, уз дозволу својих родитеља, ушла у Шри Јоганандин ашрам у Енсинитасу, у Калифорнији, као монахиња друштва Self-Realization Fellowship.

Кроз свакодневно дружење током година које су уследиле (све до Гуруове смрти 1952. године), Парамахансаци је посветио велику пажњу духовном образовању ове младе монахиње. (Такође је завршила своје формално образовање у локалним школама). Од самог почетка њеног живота у ашраму, он је препознао и отворено говорио осталим ученицима о њеног будућој улози, а и лично ју је обучавао да припреми његове списе и говоре за објављивање, после његовог одласка.

Мриналини Мата (чије име се односи на лотосов цвет, који се у Индији традиционално сматра симболом чистоте и духовног развоја) је дуги низ година служила као главни уредник књига, Лекција и периодичних публикација друштва Self-Realization Fellowship. Међу делима која су објављена као резултат њених напора су и мајсторски коментар Парамахансе Јогананде на четири јеванђеља (под насловом „The Second Coming of Christ: The Resurrection of the Christ Within You" [„Други Христов долазак: Васкрсење Христа у вама", оп. прев.]); његов превод и коментар на Багавад гиту („God Talks With Arjuna" [„Бог разговара са Арџуном", оп. прев.]), неколико томова поезије и инспиративних списа; и три дугачке антологије његових сабраних говора и есеја.

CD снимци говора Шри Мриналини Мата

Look Always to the Light

Living in Attunement With the Divine

The Yoga Sadhana That Brings God's Love and Bliss

Guided Meditation for Christmastime

Embracing and Sharing the Universal Love of God

Tuning In to God's Omnipresence

The Guru: Messenger of Truth

The Interior Life

If You Would Know the Guru

Look Always to the Light

ПАРАМАХАНСА ЈОГАНАНДА
(1893-1952)

„Идеал љубави према Богу и служења човечанству нашао је пуни израз у животу Парамахансе Јогананде... Иако је већи део свог живота провео изван Индије, он и даље заузима своје место међу нашим великим свецима. Његово дело и даље расте и сија све јаче, привлачећи људе посвуда на пут ходочашћа Духа".

—из почасти коју је Влада Индије одала приликом издавања пригодне поштанске маркице у част Парамахансе Јогананде

Парамаханса Јогананда се родио 5. јануара 1893. године у Индији и посветио је свој живот помагању људима свих раса и вероисповести да спознају и потпуније изразе у својим животима лепоту, узвишеност и истинску божанственост људског духа.

Након што је дипломирао на универзитету у Калкути 1915. године, Шри Јогананда се формално заветовао као монах индијског почасног монашког реда свамија. Две године касније, започео је животно дело оснивањем школа „како живети"— које су се од тада прошириле на двадесет једну образовну институцију широм Индије — где се традиционални академски предмети нуде заједно с наставом јоге и наставом о духовним идеалима. Године 1920. био је позван да учествује као делегат Индије на интернационалном конгресу религијских либерала у Бостону. Његово обраћање конгресу и предавање које је уследило на источној обали ентузијастично су примљени, а 1924. године упутио се на крос-континенталну турнеју приликом које је држао говоре.

Током следеће три деценије Парамаханса Јогананда је на многе далекосежне начине допринео уздизању свести и уважавању источњачке духовне мудрости на Западу. У Лос Анђелесу је основао интернационално седиште друштва Self-Realization Fellowship — несекташког религиозног друштва које је основао 1920. године. Кроз своја писана дела, обимне турнеје на којима је држао предавања и преко оснивања бројних храмова и медитацијских центара друштва Self-Realization Fellowship, представио је древну науку и философију јоге и њене универзално применљиве методе медитације хиљадама трагалаца истине.

Данас се духовни и хуманитарни рад којег је започео Парамаханса Јогананда наставља под вођством Брата Чидананде, председника друштва Self-Realization Fellowship/Yogoda Satsanga Society of India. Осим издавања његових књига, предавања и неформалних говора (укључујући свеобухватну серију лекција за проучавање код куће), друштво такође надгледа храмове, центре за духовну обнову и медитацијске центре широм света; монашке заједнице реда Самоспознаје и Светски молитвени круг.

У чланку о животу и раду Шри Јогананде др Квинси Хоу млађи, професор древних језика на колеџу Скрипс, је написао: „Парамаханса Јогананда је на Запад донео не само индијско вечно обећање о Богоспознаји, већ и практичне методе помоћу којих духовни трагаоци из свих друштвених слојева могу брзо да напредују према том циљу. У почетку цењена на Западу само на највишем и апстрактном нивоу, духовна оставштина Индије је сада приступачна као пракса и искуство свима који теже спознавању Бога, не на оном свету, него овде и сада јер је Јогананда учинио доступним све највише методе контемплације."

Серије – „Како живети"
Речник

ашрам – духовна испосница; често манастир.

астрални свет – Суптилни свет светлости и енергије који се крије иза физичког универзума. Свако биће, сваки објекат, свака вибрација на физичком плану има астрални дупликат, јер је у астралном универзуму (рај) „нацрт" материјалног универзума. Дискусија о астралном свету и још суптилнијем каузалном или идејном свету мисли може се наћи у 43. поглављу „Аутобиографије једног јогија" Парамахансе Јогананде.

Ом – Санскритски корен реч или семе-звук који симболизује онај аспект Божанства који ствара и одржава све ствари; Космичка Вибрација, *Ом* из Веда је постала света реч *Хум* код Тибетанаца; *Амин* код муслимана, а *Амен* за Египћане, Грке, Римљане, Јевреје и хришћане. Велике светске религије тврде да све створене ствари потичу из космичке вибраторне енергије *Ом* или Амен, Речи или Светог Духа. „У почетку беше Реч, и Реч беше у Бога, и Реч беше Бог... Све је кроз Њу постало [Реч или *Ом*], и без Ње ништа није постало што је постало" (Јован 1:1,3).

аватар – Од санскритске речи *аватара* („силазак"), која означава силазак Божанства у тело. Онај ко постигне сједињење са Духом, а затим се враћа на Земљу да помогне човечанству, назива се аватар.

Багавад гита – „Песма Господња". Део древног индијског епа *Махабхарата*, представљен у облику дијалога између аватара Господа Кришне и његовог ученика Арџуне. Дубока расправа о науци јоге и безвременски рецепт за срећу и успех у свакодневном животу.

Багаван Кришна (Господ Кришна) – Аватар који је живео у Индији много векова пре хришћанске ере. Његова учења о јоги представљена су у Багавад гити. Једно од значења речи *Кришна* у хиндуистичким списима је „Свезнајући Дух". Дакле, Кришна је, попут Христа, титула која означава духовну величину аватара – његово јединство са Богом. (Види *Христова свест*.)

Христов Центар – Центар концентрације и воље у тачки између обрва. седиште Христове свести и духовног ока.

Христова свест – пројектована свест Бога иманентна целој креацији. У хришћанском светом писму она се назива „јединородни син", једини чисти одраз у креацији Бога Оца; у хиндуистичким списима се зове Куташта Чајтања, космичка интелигенција Духа свуда присутна у креацији. То је универзална свест, јединство са Богом, коју манифестују Исус, Кришна и други аватари. Велики свеци и јогији то знају као стање *самади* медитације при којој се њихова свест поистоветила са интелигенцијом у свакој честици креације; они осећају цео универзум као своје сопствено тело.

Космичка свест – Апсолутно; Дух изван креације. Такође и самадхи – медитацијско стање јединства са Богом изван и унутар вибраторне креације.

гуру – Духовни учитељ. „Гуру гита" (17. стих) прикладно описује гуруа као „распршивача таме" (од *гу* „тама" и *ру* „оно што распршује"). Иако се реч *гуру* често злоупотребљава да се једноставно односи на било ког учитеља или инструктора, прави Богом просветљени гуру је онај који је, у свом постизању самосавладавања, схватио свој идентитет са свеприсутним Духом. Такав је јединствено квалификован да води друге на њиховом унутрашњем духовном путу.

Најближи енглески еквивалент гурyy је *Master (Учитељ)*. Као знак поштовања, ученици Парамахансе Јогананде често користе овај израз када му се обраћају или упућују на њега.

карма – Ефекти прошлих радњи, из овог или претходних живота. Закон карме је закон акције и реакције, узрока и последице, сетве и жетве. Људска бића својим мислима и поступцима постају креатори својих судбина. Коју год енергију да је особа покренула, мудро или неразумно, мора се вратити тој особи као својој почетној тачки, као круг који се неминовно завршава. Карма појединца прати особу од инкарнације до инкарнације све док се не испуни или духовно превазиђе. (Погледајте *реинкарнација*)

Кришна – Види *Багаван Кришна*

крија јога – Света духовна наука, која потиче пре неколико миленијума у Индији. Као облик *рађа* („краљевске" или „потпуне") *јоге*, укључује одређене напредне технике медитације које воде до директног, личног искуства Бога.

Крија јога је објашњена у 26. поглављу „Аутобиографије једног јогија" и подучава се ученицима Лекција друштва Self-Realization Fellowship [*Self-Realization Fellowship Lessons*] који испуњавају одређене духовне захтеве.

Маја – Обмањива моћ својствена структури креације, којом се Једно појављује као мноштво. *Маја* је принцип релативности, инверзије, контраста, дуалности, опозиционих стања; „Сатана" (дословно, на хебрејском, „противник") старозаветних пророка. Парамаханса Јогананда је написао: „Реч *маја* на санскритском значи „мерач"; то је чаробна моћ у креацији помоћу које су ограничења и поделе очигледно присутне у Немерљивом и Нераздвојивом... Према Божјем плану и представи (*лили*), једина функција Сатана или *маје* је да покуша да одврати човека од Духа и усмери га ка материји, од Стварности ка нестварности.... *Маја* је вео пролазности у Природи... вео који сваки човек мора да подигне да би видео иза њега Творца, непроменљивог, вечну Стварност".

парамаханса – Духовна титула која означава онога ко је достигао највише стање непрекидног заједништва са Богом. То може дати само прави гуру квалификованом ученику. Свами Шри Јуктешвар доделио је ту титулу Парамаханси Јогананди 1935. године.

реинкарнација – Дискусија о реинкарнацији може се наћи у 43. поглављу „Аутобиографије једног јогија". Као што је тамо објашњено, по закону карме, прошли поступци људских бића покренули су ефекте који их вуку назад на ову материјалну раван. Кроз низ рађања и умирања, они се више пута враћају на Земљу да би овде прошли кроз искуства која су плод тих прошлих радњи и да би наставили процес духовне еволуције која на крају води ка спознаји својственог савршенства и сједињења душе са Богом.

самадхи – духовна екстаза; надсвесно искуство; коначно сједињење са Богом као свепрожимајућом врховном Реалношћу.

Сатана – види *маја*.

Сопство – Пише се великим словом да означи *атмана*, или душу, божанску суштину човека, за разлику од обичног сопства, које је људска личност или его. Сопство је индивидуализовани Дух, чија је суштинска природа увек постојеће, увек свесно, увек ново Блаженство.

Самоспознаја – Остварење нашег истинског идентитета као Сопства, једно са универзалном свешћу о Богу. Парамаханса Јогананда је написао: „Самоспознаја је знање – у телу, уму и души – да смо једно са свеприсутношћу Бога; да не морамо да се молимо да нам дође, да нисмо само близу њега у сваком тренутку, већ да је Божја свеприсутност наша свеприсутност; да смо сада исто толико део Њега као што ћемо икада бити. Све што треба да урадимо је да побољшамо своје знање."

духовно око – Једно око интуиције и духовне перцепције у Христовом (*Кутаита*) центру између обрва; улаз у виша стања свести. Током дубоке медитације, појединачно или духовно око постаје видљиво као сјајна звезда окружена сфером плаве светлости која је, заузврат, окружена блиставим ореолом златне светлости. Ово свезнајуће око се у светим списима на различите начине назива треће око, звезда Истока, унутрашње око, голубица који силази са неба, око Шиве и око интуиције. „Ако дакле буде око твоје здраво, све ће тело твоје светло бити" (Матеј 6:22).

јога – Реч *јога* (од санскритског *уиј* „јединство") значи јединство индивидуалне душе са Духом; такође, метода којом се овај циљ постиже. Постоје различити системи јоге. Оно чему подучава Парамаханса Јогананда је *рађа јога,* „краљевска" или „потпуна" јога, која се усредсређује на праксу научних метода медитације. Мудрац Патанђали, најистакнутији древни експонент јоге, изнео је осам одређених корака помоћу којих *рађа јоги* постиже самади, или јединство са Богом. То су (1) *јама*, морално понашање; (2) *нијама*, верски обреди; (3) *асана*, исправан положај за умиривање телесног немира; (4) *пранајама*, контрола *пране*, суптилне животне струје; (5) *пратјахара*, интернализација; (6) *дарана*, концентрација; (7) *ђана*, медитација; и (8) *самади*, надсвесно искуство

КЊИГЕ НА ЕНГЛЕСКОМ КОЈЕ ЈЕ НАПИСАО ПАРАМАХАНСА ЈОГАНАНДА

Доступне у књижарама или директно од издавача:

Self-Realization Fellowship
3880 San Rafael Avenue • Los Angeles, California 90065-3219
тел. +1(323) 225-2471 • факс: +1(323) 225-5088
www.SRFbooks.org

Autobiography of a Yogi

The Second Coming of Christ:
The Resurrection of the Christ Within You
Коментари који откривају оригинална Исусова учења

God Talks with Arjuna:
The Bhagavad Gita
Нови превод и коментар.

Man's Eternal Quest
Том I предавања и неслужбених говора
Парамахансе Јогананде.

The Divine Romance
Том II предавања, неслужбених говора и есеја
Парамахансе Јогананде.

Journey to Self-Realization
Том III предавања и неслужбених говора
Парамахансе Јогананде.

Wine of the Mystic:
The Rubaiyat of Omar Khayyam — A Spiritual Interpretation
Инспиративни коментари који откривају мистичну науку заједништва са Богом која се крије иза енигматичних песничких слика у Рубаијама.

Where There Is Light:
Insight and Inspiration for Meeting Life's Challenges

Whispers from Eternity
Збирка Јоганандиних молитви и божанских искустава у уздигнутом стању медитације.

The Science of Religion
„ У сваком људском бићу", написао је Парамаханса Јогананда, „постоји једна неизбежна жеља: да се надвлада патња и постигне трајна срећа."
Док објашњава како је могуће да се остваре ове тежње, испитује релативну ефикасност различитих приступа овом циљу.

The Yoga of the Bhagavad Gita:
An Introduction to India's Universal Science of God-Realization

The Yoga of Jesus:
Understanding the Hidden Teachings of the Gospels

In the Sanctuary of the Soul:
A Guide to Effective Prayer

Inner Peace:
How to Be Calmly Active and Actively Calm

To Be Victorious in Life

Why God Permits Evil and How to Rise Above It

Living Fearlessly:
Bringing Out Your Inner Soul Strength

How You Can Talk With God

Metaphysical Meditations
Више од 300 духовно уздижућих медитација, молитви и афирмација.

Scientific Healing Affirmations
Овде Парамаханса Јогананда износи дубокоумно објашњење науке о афирмацијама.

Sayings of Paramahansa Yogananda
Збирка изрека и мудрих савета која износи искрене одговоре пуне љубави које је Парамаханса Јогананда дао онима који су дошли код њега по савет.

Songs of the Soul
Мистична поезија Парамахансе Јогананде.

The Law of Success
Објашњава динамичне принципе за постизање животних циљева.

Cosmic Chants
Текст (на енглеском) и ноте за 60 песама, с уводом у којем је објашњено како духовно певање може да нас доведе до заједништва са Богом.

Остала издања друштва
Self-Realization Fellowship

На захтев може да се добије комплетан каталог у којем су наведене све публикације друштва Self-Realization Fellowship, као и аудио и видео-записи.

Swami Sri Yukteswar
The Holy Science

Sri Daya Mata
Only Love:
Living the Spiritual Life in a Changing World

Sri Daya Mata
Finding the Joy Within You:
Personal Counsel for God-Centered Living

Sri Daya Mata
Intuition:
Soul Guidance for Life's Decisions

Sri Gyanamata
God Alone:
The Life and Letters of a Saint

Sananda Lal Ghosh
"Mejda":
The Family and the Early Life of Paramahansa Yogananda

Self-Realization
(часопис којег је покренуо Парамаханса Јогананда
1925. године)

Такође у издању друштва Self-Realization Fellowship

АУТОБИОГРАФИЈА ЈЕДНОГ ЈОГИЈА
Парамаханса Јогананда

Ова хваљена аутобиографија представља фасцинантан портрет једне од великих духовних личности нашег времена. Са привлачном искреношћу, елоквенцијом и духовитошћу, Парамаханса Јогананда приповеда инспиративну хронику свог живота – искуства свог изузетног детињства, сусрете са многим свецима и мудрацима током своје младалачке потраге широм Индије за просветљеним учитељем, десетогодишњим школовањем у ашраму поштованог мајстора јоге, и тридесет година док је живео и предавао у Америци. Овде су забележени и његови сусрети са Махатмом Гандијем, Рабиндранатом Тагором, Лутером Бурбанком, католичком стигматичарком Терезом Нојман и другим прослављеним духовним личностима Истока и Запада.

„Аутобиографија једног јогија" је истовремено и прелепо написан извештај о изузетном животу и дубок увод у древну науку јоге и њену од давнина цењену традицију медитације. Аутор јасно објашњава суптилне, али одређене законе који стоје иза обичних догађаја свакодневног живота и ванредне догађаје који се обично називају чудима. Његова задивљујућа животна прича тако постаје позадина за продоран и незаборavan поглед на крајње мистерије људског постојања.

Сматра се савременим духовним класиком и преведена је на више од педесет језика те се нашироко користи као текст и референтно дело на колеџима и универзитетима. Вишегодишњи бестселер откако је први пут објављен пре више од 70 година, „Аутобиографија једног јогија" је нашла пут до срца милиона читалаца широм света.

„Изузетна прича" — Њујорк Тајмс

„Фасцинантна и јасно забележена студија" — Њусвик

„Пре ове књиге није било ничега, ни на енглеском ни на било ком другом европском језику, као што је ово представљање јоге". — Колумбија јуниверзити прес

www.ingramcontent.com/pod-product-compliance
Lightning Source LLC
Chambersburg PA
CBHW031436040426
42444CB00006B/830